Inhalt

Shared Service Center - Eine erfolgreiche Realisierung beginnt schon mit einem geeigneten Controlling in der Implementierungsphase

Kernthesen

Beitrag

Fallbeispiele

Weiterführende Literatur

Impressum

Shared Service Center - Eine erfolgreiche Realisierung beginnt schon mit einem geeigneten Controlling in der Implementierungsphase

M. Westphal

Kernthesen

- Immer mehr Unternehmen bündeln bestimmte Aufgaben/Funktionen in Shared Service Centers.
- Die Unternehmen versprechen sich durch

entsprechende Skaleneffekte Effizienzsteigerungen.
- Nur ein für diesen Zweck geeignetes Controlling, welches schon in der Initialisierungsphase implementiert wird, kann den nachhaltigen Erfolg sicherstellen.

Beitrag

Die Einrichtung von Shared Service Centers setzt sich in immer mehr Unternehmen durch. Allerdings verlangt die erfolgreiche Implementierung nach sorgfältiger Planung und Vorarbeit durch das Controlling.

Shared Service Center setzen sich in der Industrie durch, benötigen aber einen eigenen Controlling-Ansatz

Unternehmen führen im Zusammenhang mit der zunehmenden Internationalisierung und dem damit einhergehenden Kostendruck verstärkt Shared Service Center ein. Ein Shared Service Center ist eine organisatorische Einheit, die Aufgaben bereichsübergreifend wahrnimmt. Dabei werden horizontale Aufgaben gebündelt. Um aber die mit der Einführung der Shared Service Center beabsichtigten Effizienzsteigerungen auch zu realisieren, sind Anpassungen im Controlling notwendig. (7), (6)

Bevor ein Shared Service Center eingerichtet werden kann, müssen vielfältige Überlegungen getroffen werden

Unternehmen versuchen mit neuen organisatorischen Ansätzen, die Abläufe effizienter zu gestalten. So werden verschiedene Funktionen oder Aufgaben wie Personalabteilung oder Rechnungswesen in sogenannte Shared Service Center ausgelagert von wo diese Funktionen unternehmensweit zur Verfügung gestellt werden. Ein Shared Service Center ist damit eine Alternative zu Outsourcing, denn es gibt Unternehmen, die bestimmte Funktionen gerne im Unternehmen behalten möchten, um das Fachwissen wie auch die operationale Kontrolle zu behalten und diese daher nicht nach draußen geben möchten. Es werden also viele kleine Service-Abteilungen durch eine große unternehmensweit tätige Service-Abteilung ersetzt. Ideal für Shared Service Center sind repetitive Prozesse, die sich gut

standardisieren lassen und die von unterschiedlichsten Unternehmensteilen nachgefragt werden. Solche gebündelten Prozesse können Kosteneinsparungen aufgrund von Skalen- wie auch Synergieeffekten bringen. Eignen tun sich alle Bereiche, bei denen die Vorteile, die sich durch Marktstandardisierung ergeben können eine größere Rolle spielen, als der individuelle Ansatz. Somit eignen sich Abteilungen wie der Einkauf, das Personalwesen, das Rechnungswesen, der Kundendienst, die IT, das Marketing und der Vertrieb zu einem solchen Ansatz. (1)
Shared Service Center können ihre Leistungen auch externen Kunden anbieten. Die Evaluation der Leistung geschieht in der Regel über sogenannte Service Level Agreements. Bei der Entscheidung eines möglichen externen Angebots der Center-Leistungen spielt auch eine Rolle, inwieweit die erbrachte Leistung am Markt überhaupt einen Abnehmer findet oder ob die Leistung so unternehmensspezifisch ist, dass nur direkte Wettbewerber davon profitieren könnten. Außerdem könnte ein externes Angebot die Vernachlässigung der internen Kunden nach sich führen.
Neben der Entscheidung welche Prozesse ausgelagert werden sollen sowie der Bereitstellung der benötigten technischen Ausstattung, ist auch immer die Frage des Standorts und des Betreibers zu klären. Gerade die Nutzung von IT ermöglicht auch Nachfragern, die

räumlich oder zeitlich vom Shared Service Center getrennt sind, die Inanspruchnahme der Leistung. So wird auch eine Verlagerung z. B. an einen kostengünstigen Standort eine mögliche Option. Das Shared Service Center-Konzept lässt sich sowohl auf lokaler, als auch regionaler und globaler Ebene implementieren. (7), (6)

Auch wenn es die Möglichkeit gibt, diese Services in Billiglohnländer auszulagern, ziehen viele Unternehmen doch eine Nähe zur eigenen Firmenniederlassung vor. Ein wesentlicher Grund dafür ist, dass nicht nur die Kosten reduziert werden sollen, sondern, dass ein Fokus auch auf einer hohen Servicequalität liegt. (1)

Da nicht nur rein organisatorische Maßnahmen fällig werden, sondern auch die unterstützende IT geändert werden muss, erfahren derzeit viele IT-Unternehmen eine gestiegene Nachfrage nach entsprechenden Lösungen. (1)

Der Grundstein für eine mögliche spätere Effizienzsteigerung durch ein Shared Service Center wird schon vor Beginn der Implementierungsphase

geschaffen

Neben der Leistungserbringung will ein Shared Service Center natürlich auch finanziell entschädigt werden. Da jedes Center ein wirtschaftlich eigenständiges Konstrukt ist, kann es als Cost, Revenue, Profit oder Investment Center betreiben werden.
Zunächst muss festgestellt werden, welche Kosten denn für verschiedene interne Dienstleistungen überhaupt anfallen. Für die Ermittlung der "Verrechnungspreise" bietet es sich an, einen Dienstleistungskatalog zu erstellen, der alle einzelnen Leistungen bepreist. Dann kann in einem zweiten Schritt über den Aufbau eines Shared Service Centers entschieden werden, ebenso wie über Fremdvergabe. Da neben menschlicher Arbeitskraft und technischen Hilfsmitteln häufig auch Mitarbeiter aus anderen Abteilungen benötigt werden, bietet sich die Prozesskostenrechnung als Tool an, derartige Kosten zu ermitteln. So setzen sich die Gesamtkosten zusammen aus der Arbeitszeit der Mitarbeiter inklusive der entsprechenden Personalnebenkosten sowie auch den relevanten Sachkosten des Arbeitsplatzes. Die Arbeitszeit ist über Interviews zu ermitteln.
Das Shared Service Center belastet dann über die Finanzbuchhaltung die jeweilige Kostenstelle des Verbrauchers mit den entsprechenden Beträgen. (1),

(3), (7)

Der Shared Service Center Gedanke hat sich inzwischen auch in Dienstleistungsunternehmen durchgesetzt

Auch Verwaltungen und Dienstleister wie Banken beschäftigen sich mit dem Thema der systematischen Verbesserung ihrer Arbeitsprozesse. Nachdem Industrieunternehmen schon seit Jahren Teilprozesse definieren und Verantwortlichkeiten umschichten und standardisieren, automatisieren und die Effektivität ihrer Abläufe ständig messen, beginnen jetzt Dienstleister die durch Bestellungen, Nachfragen oder Beschwerden ausgelösten Prozesse zu überprüfen und entsprechend zu reorganisieren. Ebenso wird erkannt, dass reine Unterstützungsprozesse wie IT, Controlling oder Buchhaltung auch ausgelagert bzw. in Shared Service Center integriert werden können. Die Beschreibung der jeweiligen Prozesse kann auch helfen, Doppelarbeiten aufzuspüren und eine sinnvolle Verteilung der Verantwortlichkeiten zu bestimmen. Außerdem klärt es die Schnittstellen zu externen Dienstleistern oder auch zu internen in Shared

Service Centern. Nach Festlegung der verschiedenen Abläufe müssen die jeweiligen Erfolgsfaktoren für Ergebnisse und Qualität bestimmt werden, um die Verantwortung gemäß den entsprechenden Erfolgskontrollen kongruent aufzuteilen.
Allerdings beginnen die Dienstleister mit ihren Prozessoptimierungen vergleichsweise spät, so haben sie im Vergleich zur Automobilindustrie rund 15 Jahre aufzuholen. (5)

Shared Service Center eignen sich z. B. auch im Rechnungswesen

Die Einführung eines Shared Service Center im Rechnungswesen erhöht beispielsweise die Qualität bei gleichzeitiger Senkung der Kosten, da
- sich an einheitlichen Qualitätsstandards orientiert wird
- eine große Anzahl von Buchungsvorgängen standardisiert abgewickelt wird
- in den Service-Teams mehr Know-how verbleibt
- internationale Vorschriften wie IAS/IFRS besser eingehalten werden können
- die Compliance besser überwacht werden kann
- die Größe die Nutzung moderner Technik und einheitlicher IT-Infrastrukturen ermöglicht. (1)
Aber auch Forderungen des Gesetzgebers wie die

revisionssichere Archivierung können mit einer internen Lösung deutlich besser abgesichert werden. So kann neben der Kostenreduktion sichergestellt werden, dass auch Verfahren revisionssicher eingehalten werden. (1)
Auch Controlling-Funktionen können in Shared Service Center ausgelagert werden. So könnten das Reporting wie auch Analysen in Shared Service Center überführt werden. Ebenso eignen sich die Koordinations- und Abstimmungsgespräche zwischen den Geschäftseinheiten bei Periodenabschlüssen wie auch die Ergebnisrechnung und die Koordination der Planung. (4)

Fallbeispiele

Die Siemens AG hat im Jahre 2005 begonnen die gesamte IT des Unternehmens in einem Service Center IT zu konsolidieren und standardisieren. Für zwölf Unternehmensbereiche in 33 Ländern sollen dann bis zum Jahre 2014 alle entsprechenden Services nur noch aus dieser Einheit bedient werden. (1)
Die Unternehmen SAP und Siemens haben Teile ihrer Verwaltungsaufgaben, darunter die Lohnbuchhaltung nach Tschechien ausgelagert. Um

aber feststellen zu können, ob eine solche Auslagerung wirklich Kosten einspart, müssen zunächst die internen Kosten der Verwaltungsleistungen ermittelt werden. (3) Auch das Wohlfahrtswerk für Baden-Württemberg hat erkannt, dass eine Zentralisierung bestimmter kaufmännischer Abläufe wie z. B. die Buchhaltung zu Effizienz- wie auch Qualitätssteigerungen führen kann. Gerade die komplizierte Abrechnung mit den unterschiedlichen Kassen wie auch mit Privatpersonen erhöht die Komplexität und verlangt nach aussagekräftigen Berichten aus dem Controlling. Die Zentralisierung ermöglicht den Einsatz entsprechender IT-Programme, um Aussagen zu Zahlungsverhalten wie auch Datentransparenz zu erhöhen. Automatisierte Buchungen erhöhen darüber hinaus die Transparenz. Den dezentralen Einheiten werden diese Informationen dann jederzeit zur Verfügung gestellt. (2)

Weiterführende Literatur

(1) Shared Services fordern die IT heraus
aus Computerwoche, 05.10.2007, Nr. 40 Seite 22-23

(2) Finanz-Controlling ohne Belegsuche
aus Computerwoche, 05.10.2007, Nr. 40 Seite 26

(3) Kalkulation unternehmensinterner Buchführungs-

Dienstleistungen
aus Bilanzbuchhalter und Controller, Heft 10/2007, S. 291

(4) Wichtige Links für Rechnungswesenpraktiker
Online-Fachinfos zu Shared Service Centern im Rechnungswesen und Controlling
aus Bilanzbuchhalter und Controller, Heft 10/2007, S. 293

(5) Abläufe aufdröseln
aus WirtschaftsWoche NR. 033 VOM 13.08.2007 SEITE 060

(6) Gerybadze, Alexander / Martin-Perez, Nuria-Julia, Shared Service Centers, Neue formen der Organisation und des Projektmanagements für interne Service Units, Controlling, Heft 8/9, August/September 2007, S. 473-481
aus WirtschaftsWoche NR. 033 VOM 13.08.2007 SEITE 060

(7) Fischer, Thomas M. / Sterzenbach, Sven, Shared Service Center-Controlling, Ergebnisse einer empirischen Studie in deutschen Unternehmen, Controlling, Heft 8/9, August/September 2007, S. 463-472
aus WirtschaftsWoche NR. 033 VOM 13.08.2007 SEITE 060

Impressum

Shared Service Center - Eine erfolgreiche Realisierung beginnt schon mit einem geeigneten Controlling in der Implementierungsphase

Bibliografische Information der deutschen Nationalbibliothek

Die Deutsche Nationalbibliothek verzeichnet diese Publikation in der deutschen Nationalbibliografie; detaillierte bibliografische Daten sind im Internet über http://dnb.d-nb.de abrufbar.

ISBN: 978-3-7379-0051-5

© 2015 GBI-Genios Deutsche Wirtschaftsdatenbank GmbH, Freischützstraße 96, 81927 München, www.genios.de

Alle Rechte vorbehalten. Dieses Werk ist einschließlich aller seiner Teile – z.B. Texte, Tabellen und Grafiken - urheberrechtlich geschützt. Jede Verwertung außerhalb der Grenzen des Urheberrechtsgesetzes bedarf der vorherigen

Zustimmung des Verlags. Dies gilt insbesondere auch für auszugsweise Nachdrucke, fotomechanische Vervielfältigungen (Fotokopie/Mikroskopie), Übersetzungen, Auswertungen durch Datenbanken oder ähnliche Einrichtungen und die Einspeicherung und Verarbeitung in elektronischen Systemen.